New Song ライブラリー

【同声編❷】

小学生のためのクラス合唱新曲集

永遠のキャンバス

教育芸術社

子どもを応援する歌

渡瀬昌治

歌っているときの子どもは、瞳を輝かせ、尊い何かを求めて一心に歌の世界に入り込みます。そのような姿を見ていると目もとが緩み、心が和みます。

子どもたちは好きな歌に出会い、勇気をもらい、夢に向かって自分の道を歩き始めます。歌は子どもたちのがんばる姿を応援し、悩んだときやつらいときには、心を慰めてくれます。

また、歌にはみんなの心を一つにする力もあります。歌い合わせることで、お互いの気持ちをつなぎ合わせ、同じ目標に向かう仲間をつくります。そして、心を育てる不思議な力ももっています。

この曲集では、学校行事を盛り上げる歌、勇気や元気があふれる歌、美しい心を育てる歌など、がんばる子どもたちを応援する歌を集めました。

この曲集から子どもたちが勇気をもらい、夢や希望をもって一歩前に進むことができるよう願っています。

New Songライブラリー【同声編❷】

小学生のためのクラス合唱新曲集　永遠のキャンバス

永遠のキャンバス

若松　歓 作詞・作曲

メッセージ

空でも海でもどこでもいい。広いキャンバスに、いつも自分の明日をしっかり描いていてほしいと思います。一人一人がすてきな明日を描き努力し、やがて互いにつなげていければ、もっと世界が輝きます。このキャンバスの絵は誰にも消せない。上描きできるのも自分だけです。

（若松　歓）

この小さな星で
僕《ぼく》たちは生きている
ひとりひとりが明日《あす》を信じて
だけど
誰《だれ》だって迷うことはあるはず
そんな時は
この空を見上げるのさ！

※
この大空に描《えが》いた僕らの未来は
誰にも消せない
永遠のキャンバス
誰にも消せないキャンバス

この広い世界には
それぞれの夢がある
ひとつひとつが光る宝石
だけど
僕たちはみんなで支え合って
明日へ未来へ　共に今を生きてゆく
この大空に誓《ちか》った僕らの友情
誰にも負けない
熱く燃える心
誰にも負けない熱い心

※繰《く》り返し
誰にも消せないキャンバス

13
mp
(V)
あすをしーんじて　ー　だ　け　ど　だれだーって　ま
ひかるほーうせき　ー　だ　け　ど　ぼくたちは　み
mp
17
mf
(小音符は２回目のとき)
cresc.
ようことはあるは　ず　そんな　ー　ときは　ー　こ
んなでささえあーっ　て　あすへ　ー　み　ら　い　へ　と
mf
cresc.
そんなー　ときはー
あすへー　みらいへ
mf
21
f
のそらをーみあげる　のさ　この
もにいまーをいきて　ゆく　この
f
cresc.
mp
Ped.

＊おおぞらにえがいたぼくらのみらいは
おおぞらにちかーったぼくらのゆうじょう
（２回目は右のように歌ってもよい。）
もえるこころー ー
だれにもけせないえいえんのキャンバスー ー
だれにもまけないあつくもえるこころー ー
だれにもーけせない
だれにもーまけない
1.
キャンバスーー
simile

36
p
この
2.
f
あ つ い こ ころ
D.S.
この(＊へ)
Coda
40
キャ ン バ ス
だれにもーけせない
fp
Ped.
44
キャ ン バ ス ー
48
rit.
ppp

最後の一歩　最初の一歩

桑原永江 作詞／若松　歓 作曲

メッセージ

友達と出逢い、共に学べたからこそ互いに成長できるし、それはすばらしい人生の財産となります。旅立つ日に最後の一歩を、そして胸を張って力強く最初の一歩を踏み出せるよう、精いっぱいの学園生活を送ってほしいと思います。
（若松　歓）

晴れやかな　この日に
振《ふ》り返り　たずねる
ぼくらは　いつだって
笑顔《えがお》だっただろうか

つまづいて迷いながら
ともに大人《おとな》になった
きみと育てた夢の
つぼみ　ふくらむ季節

きょう校庭に印《しる》す　最後の一歩は
新しい明日《あした》への　それぞれの未来への　最初の一歩さ
胸を張って　かかと強く　蹴《け》ってゆくよ

もう一度　あの日に
戻《もど》れたら　いいのに
くやしくて　流した
涙《なみだ》さえも　まぶしい

だいじょうぶ　どんな風も
きっと乗り越《こ》えられる
きみと　つかんだ勇気
ひとり　奮《ふる》わせるとき

きょう思い出に刻む　最後の一歩は
また会える日のための　微笑《ほほえ》んで会うための　最初の一歩さ
自分らしく　歩いてゆくと　高く歌う

きょう校庭に印す　最後の一歩は
新しい明日への　それぞれの未来への　最初の一歩さ
胸を張って　かかと強く　蹴ってゆくよ
この場所から

7
unis. p
はれやかな このひにー ふりかえり たずねるー
p
11
ぼくらは いつだってー えがお だったーだろうか
15
mp
cresc.
つまづいてま よいながらー ともにおとなに なったー きみ
mp
cresc.
19
mf
div.
と そだてたゆめの つぼみふくらむ きせつ
mf

22
cresc.
f
ー ー きょ う こ う てー い
cresc.
f
25
に しるす さ い ご の い ー ーっ ぽ は ー あた
28
らしい あしたへの それ ぞ れの みらい への さい しょ の い ーーっぽ
むね を はーって か か と つよ く
31
mp
cresc.
mp
さ ー むねを はーって か か と つよ く
mp
cresc.
ff

34
ff
けーーって ゆ くー よ
mp
38
unis. p
もうい ちど あのひにー
p
41
もどれ たら いいのにー
cresc.
くやしくてーなが
cresc.
44
div.
したー
なみ だ さえもーまぶしい
L.H.

47
mp
cresc.
Uh
Uh
Uh
mp
cresc.
だ いじょう ぶ どん な か ぜもー
き ーっと の り こ
mp
cresc.
50
mf
きみ と つ か ん だ ゆ う き ひと
mf
え ら れるー きみ と つ か ん だ ゆ う き ひと
mf
53
cresc.
f
り ふ る わ せ る と き ー ー きょ
cresc.

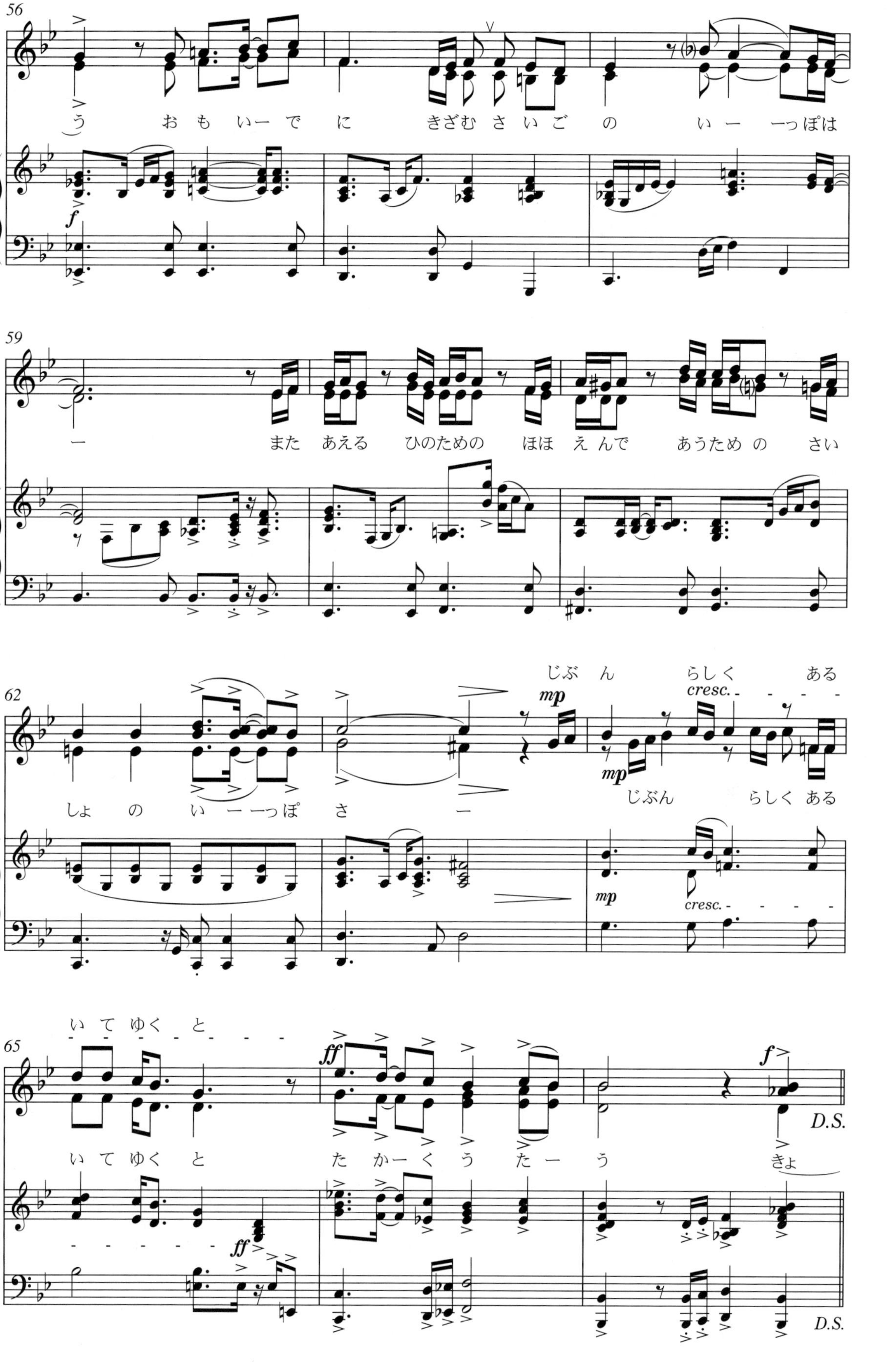
56
f
う おも いー で に きざむ さ いご の いー ーっぽは
59
ー また あえる ひのための ほほ え んで あうため の さい
62
じぶ ん らしく ある
mp
cresc.
しょ の い ー ーっぽ さ ー じぶん らしく ある
mp
cresc.
65
い て ゆく と
ff
f
D.S.
い て ゆく と た かー く う た ー う きょ
ff
D.S.

Coda
68
よ こ の ば しょ か ら
Coda
71
poco rit.
a tempo
rit.
poco rit.
a tempo
rit.
mf

元気 勇気 ちから

エイミー・カワウチ 作詞／北方寛丈 作曲

メッセージ

「元気」いっぱいに、「勇気」を出して、もっている「ちから」をありったけ、声にのせてみよう。どんなことでもできるんだ！という気持ちで歌ってみよう。歌詞の意味をみんなで考えて、自分たちだけの解釈を表現してみよう。みんなの声が集まれば、一人では出せないものすごいエネルギーが生まれるから、それをみんなで体感してほしい。そうしたら、どんな気持ちになるかな？（北方寛丈）

さあ、冒険《ぼうけん》の旅を始めよう
ようこそ　ぼくらの仲間に
元気　勇気　ちからを合わせれば
どんなことでもできるんだ

朝早く起きたら　小鳥の歌を聞いてみよう
準備ができたら　出かけよう　今日《きょう》が待っている
泣きたくなったら　忘れないで　ひとりじゃない
くじけそうなときは　助け合おう　どんなときも

さあ、冒険の旅を始めよう
ようこそ　ぼくらの仲間に
元気　勇気　ちからを合わせれば
どんなことでもできるんだ

一日の終わりに　思い出そうよ　楽しかったことを
隠《かく》された宝物　信じよう　いつか夢はかなう
優《やさ》しさがあれば　仲間のために強くなれる
仲間がいるだけで　明日《あす》がとても楽しみになる

さあ、冒険の旅を始めよう
ようこそ　ぼくらの仲間に
元気　勇気　ちからを合わせれば
どんなことでもできるんだ

げんきー ゆうきー ちからをあわせれば どんなことでも できるんだー
あさはやく おーきたら
ことりのうたを きいーてみよう じゅんびができたら でーかけよう

25
きょうがまーっている ー なきたくなっ た ら
きょうがまーっている ー woo
29
わすれないで ひとりじゃない くじけそうなときは たすけあお
わすれないで ひとりじゃない woo woo
33
う どんなときも ー
f
さあ、
どんなときも ー
f
さあ、
f
3

37
ぼう けんのたびを はじめよう ようこそぼくらの な か ま に
41
げんきー ゆうきー ちからをあわせれば どんなことでも で きるんだー
45
f
いちにちの お わりに
49
おもいだそうよ たのしかったことを かくされたたからもの し ーんじよう

53
いつかゆめはかなう
やさしさがあれば
いつかゆめはかなう
woo
57
なかまのために
つよくなれる
なかまがいるだけ
で
あすがとて
なかまのために
つよくなれる
なかまがいるだけ
で
あすがとて
61
f
も
たのしみに
なるー
さ
あ、
f
も
たのしみに
なるー
さ
あ、
f

65
ぼう けんのたびを はじめよう ようこそぼくらの な か ま に
69
げんきー ゆうきー ちからをあわせれば どんなことでも で きるんだー
73
ff
ぼう けんのたびを はじめよう ー ようこそぼくらの な か ま に
ファンファーレのように
ff
77
げんきー ゆうきー ちからをあわせれば どんなことでも で きるんだー

81
どんなことでも できるんだー
3
84
3
3
8va bassa

虹《にじ》色《いろ》の未来

吉野莉紗 作詞／松井孝夫 作曲

メッセージ

皆さんは虹色の未来というと、どんな未来を想像しますか？ もちろん、実際には楽しいばかりの毎日ではないでしょう。けれども、たとえつらいことや悲しいことがあったとしても、自分の選んだ道を信じて前に進んでいってほしい。そんな願いをこめてこの歌をつくりました。皆さんにとってのすてきな虹色の未来を、心に描いて歌ってください。

（松井孝夫）

長い坂道　桜並木をぬける
いつもと変わらない朝だけれど
ひとつだけ良《い》いこと　あったんだ
虹が出ていた　まるで微笑《ほほえ》みをくれるように
すぐに消えてしまった　立ち止まってる場合じゃないよ、と

大空にかかる虹のように　胸をはって
少しずつでいい　進もう　自分で選んだ道を
虹色の未来　めざして

長い坂道　それは人生みたい
毎日変わらない日々だけれど
少しだけ勇気がわいたんだ
虹が出ていた　まるで微笑みを映すように
すぐに消えてしまった　いつでもキミを見守ってるよ、と

※
大空にかかる虹のように　胸をはって
少しずつでいい　進もう　自分が信じる道を
虹色の未来　めざして

先が見えない不安
押《お》しつぶされそうになるけれど

※繰《く》り返し

虹色の未来　めざして

5
a tempo
mp
（小音符は２回目のとき）
ながいーさかみ　ち
さくらなみきを ぬ　け るー
それはじんせい み　た いー
mp
a tempo
9
mf
mp
いつもと　かわらな　い　あさだけれど　ひとつ　だけ　いいこと　あっ
まいにち　かわらな　い　ひびだけれど　すこし　だけ　ゆうきが　わ い
mf
mp
mf
mp
12
p
mp
たんだ ー　にじがーでていた ー　まる
たんだ ー　にじがーでていた ー　まる
p
（小音符は２回目のとき）
p
p

16
で　ほほえみを　くれる　ように　ー
で　ほほえみを　うつす　ように　ー
すぐにきえてし
o
o
mp
19
mf
cresc. e poco accel.
f
ま　ーったー
たちど まっ(𝄾)てるー　ばあ いじゃないよと　ー　ー
いつで もキミをー　みまもっ(𝄾)てるよと　ー　ー
お
mf
cresc. e poco accel.
f
mf
cresc. e poco accel.
f
23
♩≒76
(a tempo)
3
おぞらにかかるーに　じのように　ー　む　ねをー　はーって　ー　ー　す
3
♩≒76
(a tempo)

（𝄋のときも＊を歌う）
mf
こしずつでいいーす す もうー
じ ぶんでーえらんだ みち ーをー
＊じ ぶんがーしんじる みち ーをー
に
じ いろのー み らいー めざし て
1.
poco rit.
♩≒72
rit.
mp

2.
poco rubato a tempo (♩≒76)
40
mp
み え な い ふ あ ん
mp
さきがみえないふあん ー おしつぶされそうになーるけれ
2.
poco rubato
a tempo (♩≒76)
mp
43
rit.
f
おしつぶされそうーーー ー お
f
ど ー o
D.S.
rit.
8va
gliss.
f
D.S.
Coda
47
solo (soli) mf
poco rit.
めざして にじいろのー みらいー ー
Coda
poco rit.
8va

52
♩≒58
tutti
ff
♩≒76
め ざ し て ー
55
rit.
Meno mosso
rit.
mp
p
8va

歓《かん》迎《げい》の歌（入学式）

渡瀬昌治 作詞／大田桜子 作曲

メッセージ

新しい友達を迎える会のときに、楽しく明るく歌って会を盛り上げてください。入場行進にも使える、テンポ感のいい曲です。付点のリズムはスウィングではなく、はっきりと歌いましょう。歌詞が伝わるように心をこめて笑顔で歌ってください。

（大田桜子）

一、いま君たちがやってきた
この学舎《まなびや》に
いま君たちがやってきた
この輪の中に

喜び　不安　期待
入り交じる

ここは人が育つところ
仲間をつくるところ
仲良くしていくところ
君たちと一緒《いっしょ》に
誇《ほこ》りを持てる学舎に
いま新しい門出《かどで》
顔を上げて一歩踏《ふ》みだそう

二、いま君たちがやってきた
この学舎に
いま君たちがやってきた
この輪の中に

希望　不安　期待
入り交じる

ここに私たちは誓《ちか》う
大切にすることを
仲良くしていくことを
ぼくたちと一緒に
自慢《じまん》のできる学舎に
いま新しい門出
顔を上げて一歩踏みだそう

き た い ー いり ま じ る ここ は ひ とが そだ つ
き た い ー いり ま じ る ここ に わ たし たち は
ん き た い ー いり ま じ る
ん き た い ー いり ま じ る
と こー ろー ここ は ひ とが そだ つ
ち かー うー ここ に わ たし たち は
な かま をー つくる と こー ろー
た いせ つに する ー こ とー をー
と こー ろー なかよく し ていく と こー ろー ー きみ
ち かー うー なかよく し ていく こ とー をー ー ぼく

26
た ち とー ー い一っ しょ にー ほ こ りを も てる ま な び やに
た ち とー ー い一っ しょ にー じ ま んの で きる ま な び やに
い ま
30
あ たら しい か ど でー かお を あ げて ー い一っ ぽ ふ み だ そ う
1.
2.
rit.
34
mf
ff mp
ff
ー 2い ま ー ー
8va bassa

虹《にじ》色《いろ》の花

白石はるみ 作詞／大田桜子 作曲

メッセージ

この曲は埼玉県合唱教育研究会第30回合唱祭記念のために書いた作品です。音楽会に向けて、皆で力を合わせてハーモニーをつくり上げていくすばらしさと、コーラスの楽しさを、３拍子のリズムにのせて歌い上げていきます。のびのびと高らかに歌ってください。（大田桜子）

春には桜色の歌声が響《ひび》く
新しい仲間のために
冬に播《ま》いた歌の種
寒さに耐《た》えて芽を出して
歌声の花を咲《さ》かせたよ

秋には虹色の歌声が響く
音楽会のステージのために
夏に播いた歌の種
暑さに耐えて芽を出して
コーラスの花を咲かせたよ

君といっしょに
何度も歌っているうちに
ますます歌が好きになって
友だちの良さがわかってきた
なんてコーラスは愉快《ゆかい》なんだ
なんて仲間は素敵《すてき》なんだ

歌の種よ風に乗って飛んで行け
時を越《こ》え空を越えて
虹色の花を咲かせよう
コーラスの花を咲かせよう

（小音符は２回目のとき）

の　うた　ごえが　ひ　び　く　ー　あたら
の　うた　ごえが　ひ　び　く　ー　おんがく
しい　なかまーの　た　め　に　ふゆに　まいた
かいの　ステージの　た　め　に　なつに　まいた
うたの　た　ね　さむさに　た　え　て
うたの　た　ね　あつさに　た　え　て
めをだし　て
めをだし　て

28
f
1.
うたごえ の はなを さかせた よ ー
コーラス の はなを さかせた
f
1.
f
mp
33
2.
ff
よ ー きみと いっしょ に なんど も
ff
うたーって
2.
ff
38
ますま す うた が すきに なーって ともだち
いるうちに

43
mp
cresc.
のよさがわかってきたーなんてコーラスは
48
f
allargando
ゆかいなんだなんてなかまはすてきなんだ
53
ff
a tempo
ーーうたのたねよかぜにのーっ

58
て とんでいけ ときをこえ にじい
ときをこえ そらを こえて
63
ろのはな を さかせよう ーコーラスの はなを
68
さかせよう

花《はな》咲《さ》く時をこえて

山本瓔子 作詞／大田桜子 作曲

メッセージ

美しい日本語を、ゆったりとしたメロディーにのせて気持ちをこめて歌いましょう。曲は大きく３つの部分に分かれており、順番に*mp*、*mf*、***f***とだんだん広がっていきます。間奏ではぜひコメントなどを入れて雰囲気を盛り上げてください。卒業式にぴったりな曲です。

（大田桜子）

すぐそこに　大切な人がいる
心の中を　片づけてみたら
気がつかなかった　ことが
見えてくる
いま見つけても　おそすぎないよ
ぼくたちの　友情は
続いているよ　いまも
そして　これからも
さくらの花咲《さ》く　時をこえて

すぐそこに　大切なものがある
まわりのものを　片づけてみたら
忘れてしまった　ことが
輝《かがや》いた
後悔《こうかい》なんて　したくはないよ
過ぎた日の　つながりは
消えてはいない　いまも
そして　これからも
さくらの花散る　時をこえて

13
つかなかっ たー ー こ と が み え て く る
れてしまっ たー ー こ と が か が や い た
いま
こう
17
いま みつけても おそ す ぎ な い よ
こう かいなんて したく は な い よ
みつけても
かいなんて
21
mf
ぼくたち の ゆう じょ う は つ づ い て いるー
すぎたひ の つな が り は き え て は いなー
mf
mf

25
よ
い
これから も
いまも そして これから
いまも そして これから も
29
f
も
さくらの はな さく ときを こえ
さくらの はな ちる ときを こえ
33
1.
mp
て さくらの はな さく ときを こえ て
て さくらの はな

38
mp
42
mp
46
2.
rit.
p
ち　る　と　き　を　こ　え　て
49
a tempo
rit.
8va
p

自分探しの旅

渡瀬昌治 作詞／八木澤教司 作曲

メッセージ

皆さんは旅にチャレンジしたことがありますか？ ほんの一歩の勇気があれば誰にでも夢と希望が待っていることをこの詩は教えてくれます。無限の可能性を求めて自分探しの旅にレッツ·ゴー！ ノリよく元気に歌ってくださいね！

（八木澤教司）

一、
自分探しの旅に出よう
その道はいばらの道のり

私には、その道を乗り越《こ》える勇気がある
その道の先には、自分のめざす未来がある

いま、自分探しの旅に一歩踏《ふ》み出そう
私にしかない個性を見つけるために

もう一度自分を輝《かがや》かせるために
亀《かめ》のように一歩一歩踏みしめて
大きくなった自分を信じて

さあ、一歩踏み出そう
そこには夢や希望が待っている

二、
自分探しの旅に出よう
その道は苦難の連続

私には、その道を乗り越える力がある
その道の先には、自分のめざす世界がある

いま、自分探しの旅に一歩踏み出そう
自分だけの可能性を見つけるために

もう一度自分を輝かせるために
階段を一歩一歩登るように
強くなった自分を信じて

さあ、一歩踏み出そう
そこには夢や未来が待っている

9
みちはいばらのみちのりー　わたし
みちはくなんのれんぞくー　わたし
B
14
にはそのみちをのりこえるゆうきがあるそのみ
にはそのみちをのりこえるちからがあるそのみ
B
18
ちのさきには　じぶんのめざすみらいがあるい
ちのさきには　じぶんのめざすせかいがあるい
さきには
さきには
f
f

C
22
mp
ま じぶん さが しの たびに いっぽふみ だそう わた
ま じぶん さが しの たびに いっぽふみ だそう じぶ
f
mp
26
mf
しにしか ない こせ いを みつ け るた め に
ん だけの かのうせ いを みつ け るた め に
みつ け るた め に ー ー
みつ け るた め に ー ー
D
30
f
cresc.
もういちど じぶ ん を かが やかせるた め に かめ の ように いっ
もういちど じぶ ん を かが やかせるた め に かーい だんを いっ
かめの よう
かーい だん

35
mf
f
E
ぽ いっ ぽ ふ み ー し め て おお き く なっ た じぶ
ぽ いっ ぽ の ぼ る よ う に つー よ く なっ た じぶ
に いっ ぽ
を いっ ぽ
40
3
ん を し ん じ て さ あ いっ ぽ ふ み だ そ う そ こ に は ゆ め や き ぼ う
ん を し ん じ て さ あ いっ ぽ ふ み だ そ う そ こ に は ゆ め や み ら い
45
1.
2.
rit.
が まっ て い る 2 じ ぶ
が まっ て い る まっ て い る
sfz

つよい心

里乃塚玲央 作詞／横山裕美子 作曲

メッセージ

まず、歌詞の場面を想像して歌いだします。次の転調部分では、心の葛藤《かっとう》や現実を乗り越えていく決意を表現します。最終部では、“笑おう”をリレーでつなぎながら、ユニゾンでみんなの気持ちが一つになるイメージで歌い上げましょう。
（横山裕美子）

いつも　友だちで　いられたら
どんなに　楽しい　ことだろう
世界中　好きと　言えたなら
なんて　すてきな　ことだろう

だけど　吹《ふ》く風は　気まぐれで
友情の　向きも　変えてしまう
それで　傷つく　心があるのに
知らない顔で　気にもしないで

だから　笑おう　もっと　笑おう
花が　一人だけ　咲《さ》いてるように
うんと　笑おう　いっぱい　笑おう
それが　一番　つよい心

誰《だれ》かが　泣いて　いるときは
ボクなら　なぐさめて　あげられる
だって　その子の　その気持ち
きっと　わかると　思うから

消しゴム　なんて　いらないよ
涙色《なみだいろ》の　ページも　あっていい
ボクらは　みんな　やさしく飛べる
悲しい空も　さびしい海も

だから　笑おう　もっと　笑おう
遥《はる》かに　澄《す》み切った　明るい声で
うんと　笑おう　いっぱい　笑おう
それが　一番　つよい心

11
とだろう　せかいじゅうすき　といえたなら
16
div.
(V)
cresc.
なんてすてきなことだろう
21
f
ー　だけど　ふくかぜはきまぐれで
26
mp
それで
ゆうじょうのむきもかえてしまう　きずつ

く　こころがあるのに　しらないかおでしらないかおできに
cresc.
cresc.
だから　わらおう
もしないで　ー　わらおう
mf cresc.
Ped.
わらおう　わらおう　はながひとりだけ　さいてる
もっとわらおう　わらおう　わらおうわらおうわらおう
よーうに　うんと　わらおう　わらおう　わらおう
わらおう　わらおう　いっぱいわらおう
cresc.

unis.
わ ら おう そ れ が い ち ば ん つ よ い こ こ
ろ ー だ れ か が な い
て い る と き は ボ ク な ら な ぐ さ め て あ
げ ら れ る だっ て そ の ー こ の そ の き も ち
(V)

cresc.
div.
(V)
きっ と わ か る と お も う か ら
cresc.
f
ー けしゴムな ん て い ら な い よ
f
ボ ク ら は
mp
(V)
mp
なみだいろの ペ ー ジもあっ て い い み ん
mp
p
mp
mf
な や さ し く と べ る か な しい そ らも か な しい そ らも さ び
p
cresc.

90
cresc.
f
mf
だから　わらおう
しいうみ　も　ー　わらおう
mf cresc.
mp
Ped.
94
わらおう　わらおう　はるか　にすみきった　あかるい
もっとわらおう　わらおう　わらおう　わらおう　わらおう
99
こーえで　うんと
mp
わらおう
mf
D.S.
Coda
ろ　ー
f
103
つよいこ　こ　ろ　ー
ff

小さな花

筒井雅子 作詞・作曲

メッセージ

嫌われても踏まれても強く生きる、そんな雑草に力づけられることがあります。出だしは言葉を明瞭《めいりょう》に。“小さな花よ〜”からは気持ちをのせて訴えかけて。１番の“強くなりたい”という願いは、最後に“強く生きる”という決意に変わります。気持ちの変化を捉《とら》えたうえで、転調やフレーズの重なりを効果的に歌ってください。（筒井雅子）

一、
嫌《きら》われ
踏《ふ》まれて
「雑草」と呼ばれて
それでも咲《さ》く花に
名前があると知ったよ
ヒメジョオン　イヌフグリ　オオバコ
オミナエシ　ホトケノザ
そして
名も知らぬ花々よ
何を思って生きる？
　小さな花よ
私もおまえのように
小さな花よ
強くなりたい

二、
ほめられず
愛されず
ブーケになることもない
それでも咲く花よ
花と生まれて悲しくないかい？
「なぜ悲しいの？
お日様は
わけへだてなく　ほほえむよ
そして
虫たちも　獣《けもの》たちも
水も　土も　風も・・・
どこかでつながる
生命《いのち》のレール」
　小さな花よ
私もおまえのように
小さな花よ
強く生きたい
つらい記憶《きおく》は
消しゴムで消せればいいね
でも
　小さな花よ
強く生きるから
小さな花よ
強く生きる

9
mf
(V)
でもさくー はな にーなまえ が あるとしーった よ
cresc.
mf
mp
13
mp
ヒ メ ジョオン イヌフグリ オ ミナエシ ホトケノザ
mp
Hum. オオバ コ
Hum. そして
17
p mp mf f
ルルル ルルー ルルル ル ル ーい き るー
p mp mf f
なもしらぬ はなばな よ なにをおもーってい き るー
p poco a poco cresc.
f

21
mf
f
ち い さ な は な よ わ た し も お ま え の よ う に
ち い さ な は な ち い さ な は な よ ー お ま え の よ ー う に
25
ち い さ な は な よ つ よ く な り た い
ち い さ な は な よ つ よ く な り た い
mp dolce
29
33

37
mp
2ほめられずー　あいされずー　ブー　ケになること　もない　それ
mp
2ほめられずー　あいされずー　ブー　ケになること　もない　それ
mp
41
でもさくー　はな　よーはなと　うまれてかなしく　ないかいー　な
mf
(V)
mp
でもさくー　はな　よーはなと　うまれてかなしく　ないかいー
mf
(V)
cresc.
mf
mp
45
ぜ　かなしいの　おひさまは　わけへだてなく　ほほえむよ
mp
Hum.　おひさまは　Hum.　そして

49
p mp mf f
けものた ち もー か ぜー も Hum. いの ち の レール
p mp mf f
むしたち も みずもつち も どこか でつな が る いの ち の レール
p poco - - a - - poco - - cresc. - - - - - - - - - -
f
53
mf f
ち い さなはな よ わ た し も おまえの よ う に
mf f
ち い さなはな ち い さなはな よ ー おまえの よ ー う に
mf
f
オブリガート (Solo or Soli)
57
mf
Ah
Uh
mf f mf
ち い さなはな よ つよ く い き た い
mf f mf
ち い さなはな よ つよ く い き た い
mf f
mf

※ 高音を歌うのが困難な場合は（　）内の音を歌ってもよい。

ずっと友だちでいようね！

上柴はじめ 作詞・作曲

メッセージ

友達といるときって、話がはずんで時のたつのも忘れますね。喜びや悲しみ、楽しみなどいろんな気持ちがいっぱいです。この曲も、歌とピアノとグロッケンが、まるで友達どうしのおしゃべりのように絡《から》み合ってはずんでいます。ですから、誰が何をしゃべっているかをよーく聴きながら歌ったり演奏したりすると、よりいっそうワクワクすると思います。楽しんでください。（上柴はじめ）

うれしいことがあった時は　教えてね
いっしょにニコニコ　笑おうよ
かなしいことがあった時も　教えてね
いっしょに涙《なみだ》を　吹《ふ》き飛ばそうよ

ずっと友だちでいたいね（ずっと）
ずっと友だちでいたいよ（ずっとずっと）
ずっと友だちでいようよ（いつまでも）
ずっと友だちでいようね（いようね）

かわいい生きもの見つけたら　教えてね
いっしょにナデナデ　かわいがろうよ
こわーいものに出会った時も　教えてね
いっしょにブルブル　ふるえようよ

ずっと友だちでいたいね（ずっと）
ずっと友だちでいたいよ（ずっとずっと）
ずっと友だちでいようよ（いつまでも）
ずっと友だちでいようね（いようね）

こんどこっそり秘密の場所を　教えてあげるから
ボクにも教えてね　キミの秘密の場所を
あしたも元気に遊ぼうよ　たくさん話そうよ
早くあしたにならないかな？　早く寝《ね》るからさ！

ずっと友だちでいたいね（ずっと）
ずっと友だちでいたいよ（ずっとずっと）
ずっと友だちでいようよ（いつまでも）
ずっと友だちでいようね（いようね）いようね　ね！

9
いっ しょにニコニコ わ ら おー う よ
いっ しょにナデナデ かわいがろ う よ
13
かなしいことが あーっ たときも おしえて ね
こわーいものにで あーっ たときも おしえて ね
17
いっ しょになみだを ふきとばそ う よ ー
いっ しょにブルブル ふるえよー う よ ー
div. f
ずーっ と

B
21
いたいね ー
ともだちで ー いたいね ずーっと ずーっと
f
f
25
いたいよ ー
ともだちで ー ー いたい よ ずーっと ずーっと ずーっと
29
いようよ ー
ともだちで ー いようよ いつまでも ずーっと

33
1.
いようね ー
ともだちで ー いようね いようね
37
2.
ね ー
p
C
ね いようね こんど こっそりひみつの ばしょを おし
41
mp
えて あげるから ボクにも おしえてね キミ

45
のひみつのばしょをーーー
D
48
f
あしたもげんきにあそぼうよ たくさんはなそうよ
mp
52
mp
はやくあしたにならないかな?
mf
はやくねるからさ! ずーっと
f
D.S.

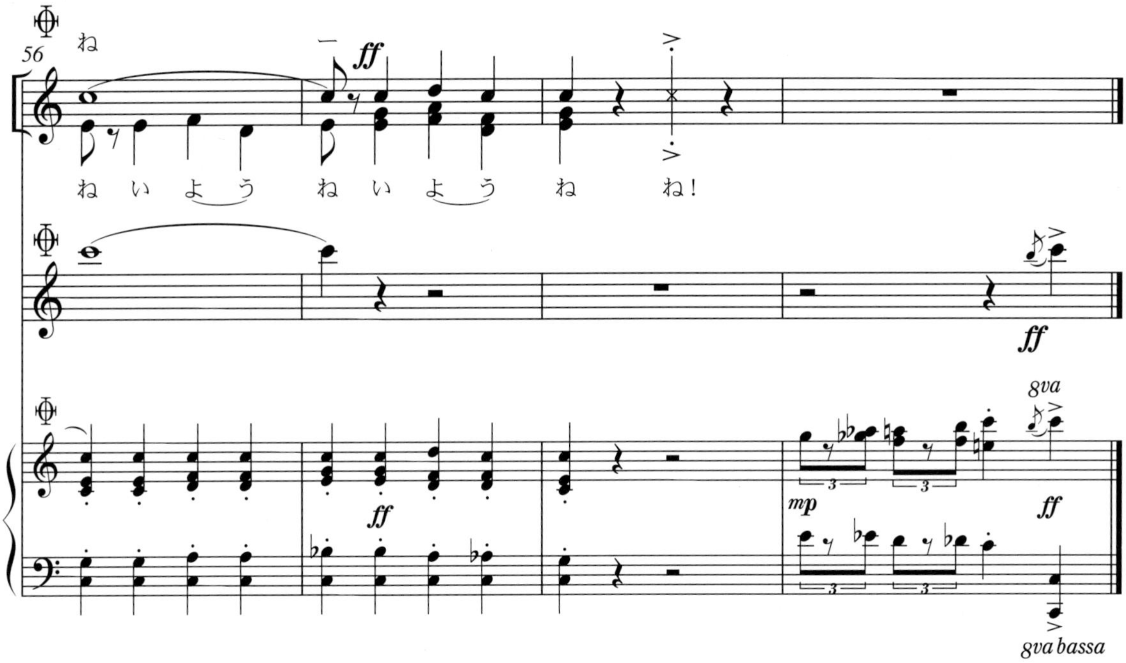
56
ね
ー
ff
ね い よ う ね い よ う ね ね!
ff
8va
mp
ff
ff
8va bassa

ぼくらの地球

小野山千鶴 作詞／磯村由紀子 作曲

メッセージ

一人の力は大きい。「私たちが住むこの地球を守ろう！」と意識したとき、そこに大きなテーマが芽生えます。その思いを歌にのせ、未来へつないでいきましょう。

（小野山千鶴）

いっしょに歌う人の声を、そして地球を感じてください。すてきなハーモニーがきっと響くと思います。

（磯村由紀子）

1．青い青い地球は　どの星よりも美しい
この地球に住んでいる　世界中の人たち

心の手をつないで　今この星をまもる時
そこに生まれる優《やさ》しさ　そこからつながる未来

一人の力を信じて　動き出せば
水も光も空気も　ぼくらの星を輝《かがや》かせる

Let's save. Save the Earth!　出来ることからはじめよう
Let's save. Save the Earth!　ぼくらの地球

2．丸い丸い地球は　もう壊《こわ》れると泣いている
この地球を愛してる　世界中の人たち

歌おう手をつないで　今この星をまもるため
そこに生まれる友情　そこからつながる命

自分の力を信じて　動き出せば
いつもどこでも誰《だれ》でも　ぼくらの星を輝かせる

Let's save. Save the Earth!　出来ることからはじめよう
Let's save. Save the Earth!　ぼくらの地球
Let's save. Save the Earth!　出来ることからはじめよう
Let's save. Save the Earth!　ぼくらの地球

5
9
mp
1あ　おいあおい　ちきゅ　うは　どの　ほしよりもうつく　しいー　この
2ま　るいまるい　ちきゅ　うは　もう　こわれるとないて　いるー　この
mp
13
ちきゅうに　すんで　いるー　せか　いじゅうの　ひとた　ち　こ
ちきゅうを　あいし　てるー　せか　いじゅうの　ひとた　ち　う
17
こ　ろのてをつ　な　いで　いま　このほしをまもる　ときー　そこ　に　うま　れる
た　おうてをつ　な　いで　いま　このほしをまもる　ためー　そこ　に　うま　れる

22
mf
やさしさ そこから つながる みらい ー ひと
ゆうじょう そこから つながる いのち ー じぶ
27
mf
りの ちからを しんじて うごきだせば みず
んの ちからを しんじて うごきだせば いつ
31
f
もひかりも くうきも ぼくらのほしをかがやかせる ー
もどこでも だれでも ぼくらのほしをかがやかせる ー
Let's《レッツ》
f

36
save.《セイヴ》 Save《セイヴ》 the《ズィ》 Earth《アース》 !_ できることからはじめ よう ー Let's
f
40
save. Save the Earth !___ ぼく ら のちーきゅ う ー ー Let's
1.
2.
mp
45
save. Save the Earth !_ できることからはじめ よう ー Let's

save. Save the Earth! ぼくらのちーきゅうー
mf
mp
rit.

まるい地球

山崎朋子 作詞・作曲

メッセージ

この曲はノリよく体を揺らしながら歌うことのできる8分の6拍子です。まるい地球の上で歌いながら、笑いながら生きている。“歌いながら”という歌詞は、声を出して歌うこと、笑っていること、泣いていること、生きていることの全部を表しています。そんなことを考えながら歌詞を大事に、リズムにのって歌ってください。

（山崎朋子）

まるい地球の上で　ぼくらは踊《おど》りながら　生きている
まるい地球の上で　ぼくらは歌いながら　生きている

毎日が過ぎていく空は　色鮮《あざ》やかに染められていく
今日《きょう》の風は　青いけれど
明日《あした》の風は　何色だろう

いつまでも　このあたりまえの幸せが　続いてほしい
いつまでも　この幸せを感じながら　生きていくんだ

蒼《あお》い地球の上に　小さな命たちが　あふれている
蒼い地球の上に　小さな命たちが　生きている

明日へ続いている空は　未来へ命をはこんでいく
太陽の光の下で
ぼくらの願い　つながっていく

いつの日か　この地球の上に　ふりそそぐ光集めて
宇宙の果てを照らしたい　輝《かがや》いている　未来がある

いつまでも　このあたりまえの幸せが　続いてほしい
いつまでも　この幸せを感じながら　生きていくんだ
感じながら　生きていきたい

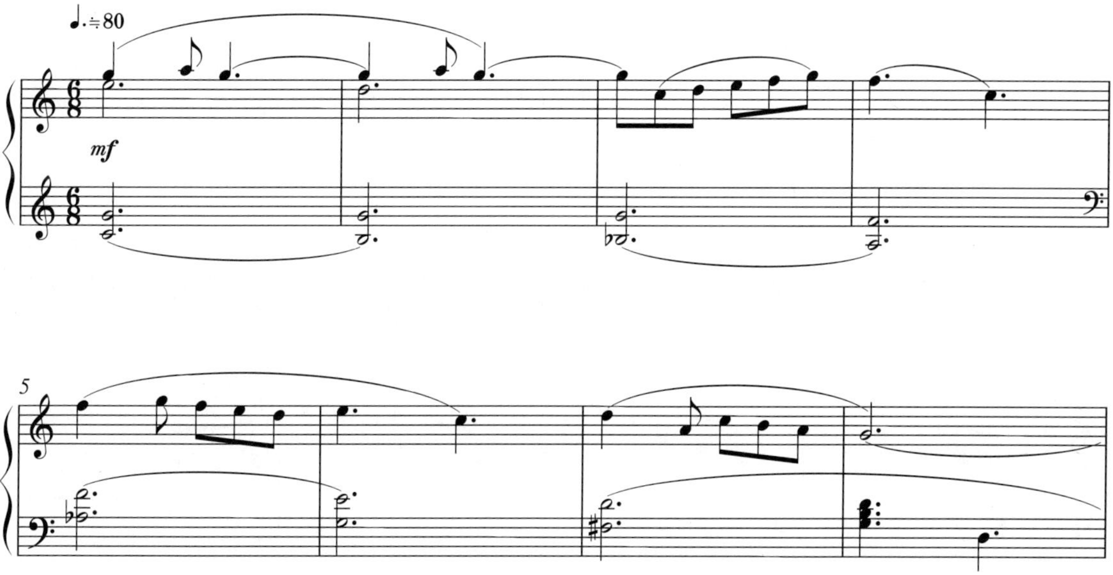

9
unis. mf
ま る い ち きゅ う の う え で
あ お い ち きゅ う の う え に
(小音符は２回目のとき)
13
ー ぼ く ら は お ど り な が ら い き て い
ー ち い さ な い の ち た ち が あ ふ れ て い
17
る ま る い ち きゅ う の う え で
る あ お い ち きゅ う の う え に
21
ー ぼ く ら は う た い な が ら い き て い
ー ち い さ な い の ち た ち が い き て い

25
mf
るー
るー
るーまいにちがすぎていくそら
るーあしたへつづいているそら
mf
29
mf
そらいろあざやかにそめられていい
そらみらいへいのちをはこんでいい
はーいろあざやかにそめられていい
はーみらいへいのちをはこんでいい
33
くーきょうのかぜはあおいけれ
くーたいようのひかりのした
くーきょうのかぜはあおいけれ
くーたいようのひかりのした

37
cresc.
ど あしたのかぜ は なに い ろ だ ろ
で ぼくらのねが い つな が ーって い
cresc.
ど あしたのかぜ は なに い ろ だ ろ
で ぼくらのねが い つな が ーって い
cresc.
41
f
う *いつまでもこ
く いつのひかこ
f
う
く
f
45
(V)
の ー あ た り ま え の ー し あ わ せ
の ー ち きゅう の う え に ー ふ り そ そ
(V)

49
が つ づ い て ほ し い ー い つ ま で も こ
ぐ ひ か り あ つ め て ー う ちゅ う の は て
53
(V)
の ー し あ わ せ を か ん じ な が ら い
を ー て ら し た い か が や い て い る
57
1.
き て い く ん だ ー
み ら い が あ
mf

61
65
2.
る
2.
69
ー(*へ)
D.S.
D.S.
Coda
rit.
だ かんじながら いきていき
(V)
(V)
Coda
rit.

73
a tempo
mf
た
い
ー
mf
a tempo
mf
77
dim.
rit.
p

歌声をあなたに

舘内聖美 作詞・作曲

メッセージ

前奏に入る前に、みんなで声に出して「ワンツースリーフォー！」と数えてみてください。ノリよく元気に、明るい声で歌えると思います。聴いている人も、歌っている人も、笑顔になる合唱を目指しましょう。（舘内聖美）

一、心の中伝えること
言葉だけじゃ難しいけど
あなたのこと想《おも》うだけで
溢《あふ》れてくる歌に想いを乗せよう

歌声響《ひび》け　空高く
私の声があなたの耳に
届くように　届くように
心込《こ》めて歌おう

二、心の中写真に撮《と》って
見せられれば簡単だけど
あなたのこと想うだけで
溢れてくる歌に想いを乗せよう

歌声響け　空高く
私の声があなたの胸に
届くように　届くように
心込めて歌おう
心込めて歌おう

12
あなたのこと　おもうだけで
16
あふれてくる　うたに　おもいをのせよう
20
f
うたごえ　ひびけそらーたかく
f
legato
24
わたしの　こえが　あなたのーみみに
わたしの　こえが　あなたのーむねに

28
mf
とどくように　とどくよう
mf
32
こころ
1.
に　こころこめてうたおう
1.
36
2.
f
うー　こころこめて
2.
f
39
うたおう　ーーー

「バリアンテ号」勇敢《ゆうかん》な船

神　詩音 作詞／貫輪久美子 作曲

メッセージ

夢をもつようになったのはいつからでしょう。幼い頃になりたかったものや行ってみたい場所にはどれくらい近づいたでしょう。青空ばかりの毎日じゃないけれど、それでこその人生！　イントロが鳴り始めた瞬間から力強くドラマチックな歌の航海が始まります。さあみんな、乗り遅れないで！　（貫輪久美子）

一、君の前に果てしない広い海
穏《おだ》やかに
時には激しく荒《あ》れ狂《くる》う
夢を運ぶ希望の船は　今旅立つ
君の未来が広がる

進め進め　勇敢な船
持てる力を発揮して
走れ走れ　希望をのせて　未来は遠い先
さあ船出だ　「バリアンテ号」をこぎ出そう
「バリアンテ号」の旅立ちだ
広い海は夢を温かく迎《むか》える
君の夢を待っている

二、君の前に遥《はる》かなる大空
青い空
時には黒い雲に覆《おお》われ
夢を運ぶ希望の翼《つばさ》　今羽ばたく
君の未来へつながる

進め進め　勇敢な船
飛び立つ力と勇気で
高く高く　希望をのせて　未来が呼んでいる
さあ離陸《りりく》だ　「バリアンテ号」で羽ばたこう
「バリアンテ号」で旅立ちだ
青い空は夢を温かく迎える
君の夢を応援《おうえん》する

9
ときに は はげーしくあ れくるうー ゆめを
ときに は くろいくもに おおわれー ゆめを
に はげしくー
ら おおわれー
13
は こぶー き ぼうのー ふ ね はー きみ
は こぶー き ぼうのー つ ば さー きみ
la la la ふ ね はー いま たびだつー
la la la つ ば さー いま はばたくー
17
mf
の み ら い が ひ ろ が る ー
の み ら い へ つ な が る ー
す
mf
み ら い が みらいが ひろがる
み ら い へ みらいへ つながる
す

21
mf
すめすすめゆうかんなふねー
ちか
ちか
すめすすめゆうかんなふねー
もてるちからを
とびたつちから
26
cresc.
らをはーっきしてー
らとゆうきでー
はしれはーしれ
たかくたーかく
はーっきしてー
とゆうきでー
cresc.
はしれはーしれ
たかくたーかく
cresc.
30
きぼうをーのせてー
きぼうをーのせてー
みらいはーとおいさき
みらいがーよんでいる
きぼうをーのせてー
きぼうをーのせてー
みらいはーとおいさき
みらいがーよんでいる

34
ー さ あ ふ な で だ ー バ リ ア ン テ ご う ー を こ
ー さ あ り り く だ ー バ リ ア ン テ ご う ー で は
ー さ あ ふ な で だ バ リ ア ン テ ご う ー を こ
ー さ あ り り く だ バ リ ア ン テ ご う ー で は
38
ぎ だ そ う バ リ ア ン テ ご ー う の た び だ ち だ ー
ば た こ う バ リ ア ン テ ご ー う で た び だ ち だ ー
ぎ だ そ う バ リ ア ン テ ご ー う の た び だ ち だ ー
ば た こ う バ リ ア ン テ ご ー う で た び だ ち だ ー
42
ー ひ ろ い う み は ゆ め を あ た た
ー あ お い そ ら は
ー ひ ろ い う み は ゆ め
ー あ お い そ ら は

46
かくーむ かえるー ー きみのゆめを
を あたたかく むかえる ー きみのゆめを
50
1.
まーっ てー いる ー
おう えん する
まーっ てー いる ー
おう えん する
1.
55
2.
ー ー
ー ー
2.
ff

きょうのよき日さようなら

渡瀬昌治 作詞／貫輪久美子 作曲

メッセージ

穏やかなとき、慌ただしかった日、時間が止まればいいのにと思った瞬間。いろいろな表情をもった今日が終わりに近づいたとき、また明日がやってくることに感謝しながら眠りにつけたら幸せですね。出だしは心に語りかけるように、中間部から後半では広がりをもたせながら、歌詞のイメージを表現してみましょう。　（貫輪久美子）

きょうのよき日さようなら
すばらしいあした夢みて
きょうの幸せあしたにつなげよう
あすの日がよき日でありますように
きょうという日に感謝して
あすという日願いながら

きょうのよき日さようなら
あすのよき日を願いつつ
きょうの風に希望と夢のせて
あした吹《ふ》く風輝《かがや》きますように
きょうという日に感謝して
あしたの風願いながら

きょうのよき日さようなら
すばらしい未来夢みて
きょうの幸せ未来へつなげよう
未来への夢がかないますように
きょうという日に感謝して
しあわせな日願いながら

11
ら
すばらしいあしたゆめみ
あすのよきひをねがいつ
さようなら
ら
15
てゆめみて
つねがって
mf
ララララあしたに
ララララきぼうと
ララララみらいへ
mf
きょうのしあわせ
きょうのかぜーに
きょうのしあわせ
mf
19
ーつなげようーあすのひがよきひであります
ーゆめのせてーあしたふくかぜかがやきます
ーつなげようーみらいへのゆめがかないます

※ 高音を歌うのが困難な場合は（　）内の音を歌ってもよい。

36
mp
きょうの　よきひ　　さようなら
mp
さような
mp
41
すばらしいみ　らい　ゆめみて　ゆめみて
ら
D.S.
D.S.
Coda
46
rit.
ながらー
ながらー
rit.
Coda
mp

卒業の日

神　詩音 作詞／貫輪久美子 作曲

メッセージ

校庭の砂ぼこり、しずくが光っていた水道、ざわめき。季節は流れてやがて別れの日がやってきます。すべての場面を写真に残すことはできないけれど、いっしょに過ごした時間と重ねてきた思い出、前を向く気持ちは心に刻まれています。“歌う”だけではなく“語る”イメージももって歌い上げましょう。　（貫輪久美子）

いま旅立ちの日
何を思う
いま羽ばたく日
何を思う

喜び
悲しみ
感動

ここに私の歩んできた道がある
歩んできた道をいま振《ふ》り返る
いま旅立つ時
仲間との絆《きずな》で大きくなった自分を信じて

いま旅立ちの日
何を思う
いま羽ばたく日
何を思う

先生
友達
仲間

仲間と過ごしてきた大切な時間
育て上げた絆いま振り返る
いま旅立つ時
仲間との絆で大きくなった自分を信じて

13
なにを おもう いま はばたくひ
なにを おもう いま はばたくひ
mf
17
なにを おもう
mp
よろこびー
せんせいー
mp
よろこび
せんせい
8va
mp
21
かなしみ
ともだち
かんどう かんどう Ah
なかま なかま Ah
かなしみー
ともだちー
かんどう かんどう Ah
なかま なかま Ah
cresc.

26
mp
mf
Ah Ah みちが
Ah Ah たいせ
mf
ここに わたしのーあゆん で きた みち がある
なかま とすごしーてきた た いせ つなじかん
mf
30
あるー あゆん できた ーみちを ー いま ふりか
つなー そだて あげた ーきずな ー
34
cresc.
えるいま たびだつ ときー なか まとの ーきずな
cresc.
いま とき
cresc.

38
f
で　おおきく　なーった　じぶんをー　じ　ぶ　んをー
f
じぶん
f
42
1.
しんじ　てー
を　しんじ　て
1.
47
2.
rit.
mf
mp
て　Ah　Ah
mf
mp
Ah
2.
rit.
mf
mp
dim.
p

愛をあげよう

おかべてつろう 作詞／三宅悠太 作曲

メッセージ

イラストレーター、デザイナーとしてご活躍の、おかべてつろうさんの絵冊子『愛をあげよう』から言葉を拝借して生まれた作品です。このすてきな言葉たちをいきいきと伝えられるように、フレーズの中で語感を大切に。また、曲想の変化を感じながら全体的にレガートで歌うよう心がけてください。“愛をあげよう”という言葉に、どんな気持ちをこめて歌うのか——皆さん一人一人が向き合ってくださったらうれしいです。　（三宅悠太）

愛をあげよう
きれいに咲《さ》く　花たちに
きみたちに　春がきたことを
教えてもらってるよ

愛をあげよう
空にかかる　虹《にじ》に
見上げている　きみの顔が
輝《かがや》いてる　ほほえみあふれてる

愛をあげよう
いままで出会ったものたちに
愛をあげよう
これから出会うすべてに

世界のすべてに　愛をあげよう

愛をあげよう
生まれてきてくれた　あなたに
「かけがえのない」という
言葉の意味を　感じさせてくれた

愛をあげよう
立ち直ろうとする　わたしに
明日《あした》は今日《きょう》よりも
きっといい日に　なると信じて

愛をあげよう
これまで出会った人たちに
愛をあげよう
かけがえのないすべてに

世界のすべてに　愛をあげよう

9
いに さく はな たちに きみ たちに ーはるが きたことを お
いに さく はな たちに きみ たちに ーはるが きたことを お
mp
13
(やわらかく)
しえてもらっ てる よ Lu lu lu lu
しえてもらっ てる よ あい を あげ よ う そら
17
(V)
mf
lu lu lu lu みあ げているーきみの か おがー か
に かかる にじ に みあ げているーきみの か おがー

21
cresc. poco a poco（輝きを増して）
がやいてる　ほほえみ　あふれてる　ー
mf cresc. poco a poco（輝きを増して）
かがやいてる　あふれてる　あふれてる
mf cresc. poco a poco
25
f（おおらかに）
あいをあげよう
いままでであったものたちにー
これまでであったひとたちにー
f（おおらかに）
あいをあげよう
いままでであったものたちにー
これまでであったひとたちにー
f
29
あいをあげよう
これからであうすべてに
かけがえのないすべてに
あいをあげよう
これからであうすべてに
かけがえのないすべてに

33
せかいのすべてーに
あいを
あいをあげよ
3
せかいのすべてーに
あいを
あいをあげよ
3
37
う
う
mf
espr.
41
p (だいじに)
あいをあげようま
p (だいじに)
あいをあげようま
dim.
p dolce

れてきてくれたあ な たにー か けがえのないとい う ことば
れてきてくれたあ な たにー か けがえのないとい う ことば
(やわらかく)
の いみをかんじ させてくれ た あいを ーあ げ よ
の いみを あい を あげ よ う たち
う わ た し に あ し たはーきょうよ り も きっ
な おろう とするわ た しにー あ し たはーきょうよ り も きょうよ

57
cresc. poco a poco（輝きを増して）
と いいひに なるとしんじ て ー
cresc. poco a poco（輝きを増して）
り いいひに なるとしんじ て しんじ て
D.S.
cresc. poco a poco
D.S.
61
più f
sosten.
dim.
あいを あいを あいをあげよう
più f
sosten.
dim.
あいを あいを あいをあげよう
più f
mf espr.
65
ー
ー
rit. molto
ten.
rit. molto
mp
p

生きているんだね

秋葉てる代 作詞／橋本祥路 作曲

メッセージ

この詩は、厳しい寒さに耐えて花を咲かせる木の生命力をうたっています。3節で構成されていますが、それぞれの節の思いを、特に伴奏や調の変化で表しています。また、記号などにも注意して、言葉を大切にしながら表現しましょう。（橋本祥路）

生きているんだね　冬の木の芽
ゆっくりと大きくなりながら
小さなカプセルの中で
夢をつむいでる

生きているんだね　冬の木の花
冷たい雪にも　まけないで
花びらあざやかに咲《さ》いて
風に向かってる

生きているんだね　みんなみんな
きびしい寒さを　のりこえて
明るく美しい春が
めざめはじめてる

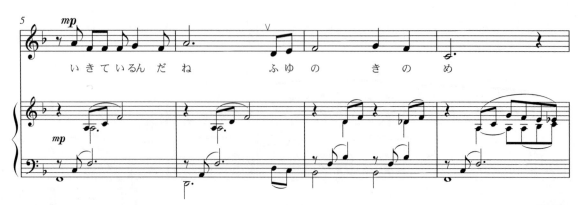

9
ゆっくりと
ゆっくりと
おおきくなりながら
13
p
ちいさなカプセルの
なかで
ゆめを
ー
ゆめを
p
17
mf
ゆめをつむいで
る
rit.
mf
mp
rit.
21
a tempo
mf
いきているんだね
ふゆ
a tempo
mp
mf

25
のきのはな
つめたいゆきに
つめたいゆきにも
29
もまけないで
ルルルル
まけないで
はなびらあざやかにさいて
33
ルルルルルル
かぜにむかって
かぜにかぜに かぜにかぜに
かぜにむかって

poco rit.
a tempo
る
る
poco rit.
a tempo
mf
いきているんだね
みんなみんな
みんなみんな
いきているんだね
みんなみんな
みんなみんな
きびしい さむさを のりこえて
きびしい さむさを のりこえて

48
あかるく　うつ　くしい　うつくしい　はる　が
52
めざめはじめて　る　いきているん　だ　ね
ff
ff
ff
56
mp
poco rit.
a tempo
rit.
いきているん　だ　ね　ー
mp
poco rit.
a tempo
rit.
mp
p

New Song ライブラリー【同声編❷】
小学生のためのクラス合唱新曲集　永遠のキャンバス

2015年5月28日　第1刷発行
2024年5月30日　第5刷発行

編集者　**渡瀬昌治**

発行者　株式会社 **教育芸術社**（代表者　市川かおり）
〒171-0051 東京都豊島区長崎1-12-14
電話03-3957-1175（代表）　03-3957-1177（販売部直通）
https://www.kyogei.co.jp/

表紙・本文デザイン／松倉　浩

印刷／新日本印刷　製本／共栄社製本

ISBN978-4-87788-703-2 C3073